Frédéric Paulhan

Les Hallucinations véridiques et la suggestion mentale

Science

ISBN : 978-1721084388

10 9 8 7 6 5 4 3 2 1

Frédéric Paulhan

Les Hallucinations véridiques et la suggestion mentale

Science

Table de Matières

Introduction

Grégoire le Grand raconte que saint Benoît, étant, une nuit, à prier à sa fenêtre, vit soudain une lumière descendre d'en haut et dissiper les ténèbres. Et, dans cette lumière, passa l'âme de l'évêque de Capoue, Germain, que des anges portaient au ciel sur un globe de feu. Saint Benoît appela alors, en criant très fort, le diacre Servandus, qui se hâta et put apercevoir un reste de clarté. La nuit même, on envoya un messager prendre des nouvelles à Capoue : l'évêque était mort en effet, et, d'après les informations qu'on put recueillir, il mourait au moment même où saint Benoît l'avait vu monter au ciel. Il y a quelques années seulement, un fait de ce genre eût passé pour surnaturel et, à ce titre, presque personne, en dehors du monde des croyants, n'eût seulement pensé à en discuter la possibilité. Désillusionnés, — et ce mot veut presque toujours dire illusionnés en sens inverse, — par la connaissance de bien des erreurs et de quelques tromperies, nous ne voulions plus entendre parler de ce qui ne ressemblait pas à notre expérience quotidienne. Aujourd'hui on se reprend à croire aux visions révélatrices et aux pressentiments. On n'est pas très éloigné de reconnaître à l'esprit humain le pouvoir d'être impressionné, dans des circonstances encore mal définies, par des événements complètement inaccessibles à nos moyens ordinaires d'investigation et de connaissance. Est-il bien sûr toutefois que la croyance à la réalité de ce pouvoir ait jamais complètement disparu ? Qui de nous n'a entendu raconter d'étranges histoires de pressentiments réalisés, de songes révélateurs, de divinations imprévues ? Une veuve, après la mort de son mari, disait qu'un rêve lui avait fait pressentir ce malheur. Une jeune fille, atteinte d'une affection nerveuse, sentait, dit-on, de fort loin, le médecin qui la soignait se diriger vers sa maison. A vrai dire, tous ces récits étaient de nature à troubler plutôt qu'à convaincre. Des coïncidences, des illusions, des erreurs de mémoire, des inexactitudes, volontaires ou non, pouvaient en expliquer le caractère merveilleux. Au moins aimait-on à le croire quand on ne préférait pas hausser les épaules. Les moins incrédules estimaient que la vie humaine avait des côtés obscurs et inquiétants, à peu près comme un conte d'Edgar Poe, et qu'il était permis de ne pas s'en émouvoir davantage. Bien peu, sans doute, auraient confessé hautement leur croyance, ou même leur doute à l'égard de ces événements mystérieux. Mais parmi ceux qui niaient le plus vivement, il est permis de croire que plusieurs étaient poussés par la crainte même de trouver à des phénomènes aussi éloignés des enseignements de l'expérience journalière et du « sens commun, » mais aussi éloignés surtout des vérités que « la science » reconnaissait, une réalité qui aurait inquiété leur intelligence et qui pouvait aussi bien leur faire éprouver ce frisson désagréable que donne la menace de l'inconnu et de l'étrange.

Souvent ce que toute une part de notre esprit nie ou repousse, une autre part aussi l'affirme et le veut. La crainte du surnaturel n'en excluait pas le désir. Nous avons peur de l'inconnu, mais il nous attire, et parfois même il nous attire parce que nous le craignons. On vit bien que notre amour du merveilleux, quelque temps endormi, n'était pas mort, lorsque, il y a une dizaine d'années, l'hypnotisme, écarté jusque-là, entra définitivement dans la science. Ce fut une vogue inouïe. Comme chaque fois que nous trouvons une vérité nous voulons qu'elle soit universelle, et que tout remède tend à devenir une panacée, il se produisit des exagérations que le temps a déjà commencé à corriger.

Les faits observés devinrent de plus en plus extraordinaires ; il y eut abus sans doute, et je remarque qu'on ne parle plus guère de certains phénomènes assez surprenants dont on fit grand bruit un moment et dont on nous reparlera demain peut-être, car il ne faut désespérer de rien. Cependant, si des résultats définitifs n'ont pu toujours être acquis, de nouvelles voies bien curieuses se sont ouvertes qui, peut-être, conduisent à des vérités imprévues.

Faire entrer le merveilleux dans la science, ce serait satisfaire à la fois notre goût, jamais dompté, pour le merveilleux et notre respect toujours croissant pour la science. C'est ce que l'on essaie de faire, et cette application des méthodes exactes et précises à des sujets qui paraissaient ne relever que de la foi est un des caractères importants et originaux de notre science psychologique. Nous ne voulons plus nous contenter, pour nier ou pour croire, d'impressions personnelles ou de raisons instinctives et vagues. Remarquons-le bien, les faits qu'on apporte à la science n'ont rien de nouveau, toutes les religions en offrent de pareils à leurs adeptes ; ce qui est nouveau, c'est le caractère scientifique qu'on tâche de leur donner, c'est le travail fait pour que nous les acceptions au même titre et pour les mêmes raisons que les enseignements de la physique ou de la chimie. Cette sorte de dualité de l'esprit, croyant d'un côté, niant de l'autre, flottant d'une idée à l'autre ou les acceptant toutes deux à la fois sans s'inquiéter de leur contradiction, on veut la détruire.

Il est possible que, quoi qu'il arrive, la poésie y perde. Si la science répondait non à certaines demandes, et définitivement non, bien des récits, bien des contes, bien des rêveries, perdraient beaucoup de leur intérêt. Ils en perdraient peut-être bien autant si nous parvenions à établir la réalité de ce qui nous plaît en eux. Cette indécision sur la limite qui sépare la vie réelle du rêve et de la folie n'est pas un de leurs moindres charmes, ni surtout un des moins poignants. Le merveilleux connu ne sera plus le merveilleux.

Ce serait à hésiter, si la vérité ne devait pas gagner à nos recherches ce que l'art y peut perdre, si le but de ces recherches était moins lointain et plus facilement accessible, et si d'ailleurs le domaine de l'art, du rêve et de la poésie ne devait pas demeurer, pour un aussi longtemps que nous pouvons l'imaginer, très suffisamment étendu.

Section I

Darwin eut un jour l'idée que la musique ne restait peut-être pas sans effet sur la vie des végétaux. Il voulut vérifier, et fit jouer à une plante des airs de basson qui, je crois, n'eurent aucun résultat. Ce grand savant aimait assez ces tentatives singulières qu'il appelait, avec sa bonhomie et sa modestie habituelles, des « expériences d'imbécile. » Un véritable philosophe doit braver le ridicule, et il n'est pas pour lui d'expérience inutile. Si l'on ne tentait jamais l'impossible, on ne connaîtrait jamais les bornes du réel. On ne peut donc que féliciter de leur indépendance les chercheurs qui ont osé observer des faits repoussés par les opinions en faveur ; ce qu'il faut seulement leur demander, c'est que leurs expériences soient précises et faites dans de telles conditions que le résultat en soit aussi net que possible.

Ceci est plus difficile qu'on ne pense, quand il s'agit de phénomènes aussi délicats, aussi fugitifs que ceux dont je m'occupe ici. Si sincère que l'on puisse être, si sincères que soient les personnes avec qui on se trouve, il faut constamment se méfier de soi-même et se méfier des autres. Il est si naturel de donner, même involontairement, le « coup de pouce » qui fera réussir une expérience ! Tout le monde connaît ce jeu que les expériences de Cumberland et de quelques autres ont popularisé chez nous et qui consiste à faire exécuter un ordre, sans l'exprimer, par une personne qui nous tient la main. Les petits mouvements inconscients qui dirigent le sujet sont l'indice irrécusable de l'involontaire complicité de celui qui lui commande. La rapidité avec laquelle l'ordre est bien souvent exécuté montre la force et la subtilité de ces intelligences aveugles qui, chez deux personnes, peuvent s'entendre et se diriger l'une l'autre sans l'intervention de la conscience et de la volonté.

Contre ces complicités inconscientes, contre toutes les causes qui peuvent les faire naître, il faut sans cesse multiplier les précautions, et, même avec beaucoup de prudence, on est encore exposé à se tromper. Vous concentrez, par exemple, votre attention sur l'idée d'un acte — jouer du piano — que vous voulez faire exécuter par une personne présente. La personne en question se lève et fait ce que vous avez désiré. Vous ne pouvez rien en conclure si vous n'établissez pas comment vous avez été amené à choisir cet acte plutôt qu'un autre, et s'il n'est pas établi que la personne qui l'a exécuté n'avait en ce moment aucune raison d'aller spontanément se mettre au piano. Il se pourrait que les mêmes causes qui vous ont amené à penser au piano aient amené aussi l'autre personne à avoir l'idée de jouer, sans que votre intervention y soit pour rien. M. J. Ochorowicz, qui a étudié avec beaucoup de soin la suggestion mentale, a signalé cet écueil et montré par des faits combien on peut s'y engager aisément. Une personne est prévenue qu'on va lui donner à deviner une couleur. On choisit le rouge, le sujet indique le rose. On prend ensuite une fleur, le lilas, et c'est bien le lilas que le sujet devine. Enfin on pense à une personne présente et, cette fois, le sujet échoue complètement. L'aspect général de l'expérience, avec son demi-succès et son succès complet, semble cependant bien indiquer une sorte de divination. Les commentaires de M. Ochorowicz font entrevoir une autre explication. « On prévient le sujet qu'il s'agit d'une couleur : il ne la devine qu'approximativement : c'était *rouge*, il devine *rose*, « Rose, » qui est en même temps le nom d'une fleur, nous suggère à nous tous l'idée d'une fleur. On prévient le sujet qu'il s'agit d'une fleur. Le lilas se trouve au milieu de la table ; c'est une primeur, tout le monde l'avait remarqué, il se présente le premier à l'esprit de tout le monde. Puis, dès qu'il s'agit d'une idée un peu plus éloignée, et où la probabilité reste toujours assez forte (il n'y avait qu'une dizaine de personnes), il y a échec. Non-seulement il ne devine pas la personne, mais il prend une femme pour un homme [1]. » Ainsi la réussite obtenue avec le lilas peut tenir simplement à la présence d'une fleur rare à ce moment de l'année et qui a frappé l'esprit du sujet comme celui des assistants. Sur les trois expériences il nous reste donc un échec complet, un succès sans signification et un demi-succès auquel l'insignifiance du succès complet enlève presque tout son intérêt et qui peut être le résultat d'une simple coïncidence.

Plus l'expérience est simple, plus les conditions peuvent en être exactement déterminées et plus aussi sa valeur sera considérable. Aussi ne faut-il pas s'attendre à trouver dans les études sérieuses sur la suggestion mentale beaucoup de récits merveilleux et d'aventures extraordinaires. M. Charles Richet a expérimenté avec des cartes. Une personne prend au hasard une carte dans un paquet, une autre, qui ne peut voir la carte, doit soit en indiquer la couleur rouge ou noire, soit la désigner comme pique, trèfle, carreau ou cœur, soit enfin la reconnaître complètement, comme sept de pique, je suppose, ou comme roi de carreau. Il est facile de déterminer à l'avance la probabilité mathématique du succès, elle est de 1/2 dans le premier cas, de 1/4 dans le second, de 1/52 dans le troisième, si l'on se sert d'un jeu de 52 cartes. Une longue série de tirages et de nombreuses réponses données, non par des hystériques et des somnambules, mais par des amis de M. Richet, parfaitement éveillés, ou par M. Richet lui-même, ont donné une proportion de succès plus forte que celle qu'indiquait le calcul des probabilités, plus forte aussi que celle qu'ont offerte des tirages faits au hasard [2].

Des expériences analogues furent faites en Angleterre, par Mlle Wingfield, et le résultat fut plus remarquable encore. Il s'agissait de deviner un nombre de deux chiffres. On écrivait sur des morceaux de papier tous les nombres de 10 à 99, ces morceaux de papier étaient mis dans une coupe, ensuite Mlle M. Wingfield se plaçait derrière le sujet à environ deux mètres, prenait au hasard un morceau de papier et concentrait sa pensée sur le nombre qu'elle y lisait. Dans une série de 2,614 expériences ainsi faites, la réponse fut juste 275 fois, alors que le calcul indiquait comme probable le nombre de 29 succès. Dans une autre série de 400 expériences, le nombre probable des réponses justes étant 4, le nombre réel lut 27 ; 21 fois les chiffres étaient bien ceux qui composaient le nombre tiré, mais ils étaient disposés en sens inverse, et 162 fois un des chiffres était exact et à sa place. Il est tout à fait invraisemblable que le hasard donne de pareils résultats. On n'a guère le choix qu'entre l'illusion, la fraude ou la réalité de la transmission mentale.

Cette réalité est peut-être rendue plus vraisemblable par les expériences plus compliquées, mais non moins précises, faites par M. Ch. Richet, avec l'appareil des expériences spirites. Les personnes qui prenaient le rôle du médium, laissées seules à une table sur laquelle elles appuyaient les mains, ne devaient connaître ni la réponse à faire, ni les moyens de la faire. Elles indiquaient les lettres qui formaient cette réponse sans savoir ce qu'elles indiquaient, les lettres étant désignées par d'autres personnes qui promenaient un stylet sur un alphabet caché aux médiums et inscrivaient la lettre devant laquelle se trouvait leur stylet quand la table se soulevait. Bien entendu, ces personnes aussi ignoraient la réponse à faire à l'expérimentateur. Dans ces conditions très défavorables, on a obtenu des réponses qui paraissent démontrer que l'esprit du médium était influencé, sans l'emploi d'aucun moyen connu de communication, à la fois par l'esprit de l'expérimentateur qui connaissait la réponse à faire et par l'esprit des assistants qui promenaient leur stylet sur l'alphabet.

M. J. Ochorowicz a fait de curieuses expériences sur une jeune femme hystérique de vingt-sept ans. « J'avais, dit-il, l'habitude d'endormir la malade tous les deux jours et de la laisser dans un sommeil profond (l'état aïdéique) pendant que je prenais mes notes. Je pouvais être certain, d'après une expérience de deux mois, qu'elle ne bougerait pas avant que je m'approchasse d'elle pour provoquer le somnambulisme proprement dit. Mais ce jour-là, après avoir pris quelques notes et sans changer d'attitude (je me tenais à plusieurs mètres de la malade, en dehors de son champ visuel, mon cahier sur les genoux et la tête appuyée sur la main gauche), je feignis d'écrire, en faisant crier la plume comme tout à l'heure, mais intérieurement je concentrais ma volonté sur un ordre donné [3]. » M. Ochorowicz ordonne ainsi à Mme M... de lever la main droite et la surveille à travers les doigts de la main gauche appuyée sur le front. A la première minute, rien ne se produit ; à la seconde, la main droite commence à s'agiter ; à la troisième, l'agitation augmente, la malade fronce les sourcils et lève la main. M. Ochorowicz lui ordonne ensuite de se lever et de venir à lui ; elle fronce les sourcils, s'agite, se lève lentement et avec difficulté, s'approche enfin, la main tendue. Et l'expérience continue ainsi, non pas sans insuccès, mais avec des succès fréquents.

Parmi les expériences qui peuvent le mieux nous faire croire à la réalité de la suggestion mentale, ou tout au moins nous faire douter de son impossibilité, il faut compter celles que M. Pierre Janet a faites au Havre avec M. le docteur Gibert. Elles ont pu être contrôlées par plusieurs observateurs, et M. Richet les a répétées à Paris. Je suis obligé, pour en laisser voir la valeur, d'en parler avec quelques détails.

M. Pierre Janet et M. Gibert endormaient souvent une femme de la campagne, Mme B.., illettrée, honnête, timide, d'intelligence saine et sujette à des accès de somnambulisme naturel. Un jour, M. Gibert, voulant endormir Mme B.., lui prit la main ; mais il était distrait, préoccupé, et le sommeil ne se produisit pas. Des expériences répétées montrèrent que Mme B... ne s'endormait que si l'opérateur concentrait sa pensée sur l'ordre de dormir. Il était naturel de rechercher si cette concentration de la pensée qui était nécessaire n'était pas aussi suffisante pour produire le sommeil. Mme B... étant à un bout de la chambre, M. Gibert se plaça à l'autre bout et voulut la faire dormir. Au bout de trois minutes, le sommeil léthargique se produisit et l'expérience fut plusieurs fois répétée avec succès. Cependant, on pouvait craindre que l'idée du sommeil et par suite le sommeil lui-même ne fussent suggérés à Mme B... par la présence, par l'attitude, par le silence même de M. Gibert. M. Gibert se plaça donc dans une chambre voisine et recommença l'expérience. Le sommeil se produisit de nouveau. Quelque doute était encore possible. Mme B...n'ignorait pas la présence de M. Gibert dans la maison, elle savait aussi qu'il était venu pour l'endormir. On pouvait supposer à la rigueur que cela avait suffi pour la faire endormir spontanément au moment même où M. Gibert lui en donnait l'ordre. Il fallait prendre de nouvelles précautions. M. Janet entre un jour chez M. Gibert et le prie de commander à Mme B… de s'endormir sans sortir, lui, de son cabinet. Mme B… ne pouvait être prévenue, on ne l'avait jamais endormie à cette heure-là, et elle se trouvait à 500 mètres au moins de M. Gibert. « Je me rendis *aussitôt* après auprès d'elle, dit M. Janet, pour voir le résultat de ce singulier commandement. Comme je m'y attendais bien, elle ne dormait pas du tout ; je l'endormis alors moi-même en la touchant, et, dès qu'elle fut entrée en somnambulisme, avant que je lui aie fait aucune question, elle se mit à parler ainsi : « Je sais bien que M. Gibert a voulu m'endormir, mais quand je l'ai senti, j'ai cherché de l'eau et j'ai mis mes mains dans l'eau froide… je ne veux pas que l'on m'endorme ainsi… je puis être à causer… cela me dérange et me donne l'air bête. » Vérification faite, elle avait réellement mis ses mains dans de l'eau froide avant mon arrivée [4]. » Quelques jours plus tard enfin, on obtint un succès complet. De nouvelles précautions prises, par excès de prudence, s'il pouvait y avoir excès en de telles circonstances, les succès continuèrent, non pas sans interruption, mais d'une manière bien suffisante. Plus tard enfin, M. Janet essaya aussi de produire lui-même le sommeil à distance chez Mme B… il eut des réussites partielles d'abord, des réussites complètes ensuite.

Il est bon que des expériences de cette nature et de cette portée soient vues par plusieurs observateurs. M. Paul Janet, M. Charles Richet, M. Myers, de Cambridge, M. Ochorowicz et M. Marillier se rendirent au Havre, les expériences furent renouvelées devant eux, elles réussirent encore. M. Ochorowicz, qui fut convaincu, a raconté, dans l'ouvrage que j'ai déjà cité, les précautions minutieuses que l'on crut devoir prendre pour écarter autant que possible toute cause d'erreur. Enfin, M. Richet recommença, à Paris, sur le même sujet, les expériences de MM. Janet et Gibert. Sur neuf tentatives, il eut trois insuccès, quatre succès médiocres et deux bons succès. Rappelons ici que, d'autre part, M. Héricourt a rapporté aussi une fort curieuse expérience de sommeil à distance.

Tiendrons-nous donc le problème pour résolu ? Ne nous hâtons pas. L'expérience est trompeuse, disait Hippocrate, et le jugement difficile. Quand il s'agit de faits aussi étranges, pour être sage, il faut douter trop. On peut toujours soupçonner quelque cause d'erreur inaperçue, improbable, invisible. Mais si l'affirmation est téméraire encore, combien plus le serait une négation qui refuserait de tenir aucun compte de faits recueillis avec tant de précautions et affirmés par des observateurs différents et dignes de confiance !

Section II

Donner à quelqu'un un ordre et le faire exécuter, c'est susciter en lui une idée semblable à celle qui est en nous, et un ensemble de tendances qui s'harmonisent avec cette idée. Il y a une sorte d'adaptation de la personnalité du patient aux sentiments et aux idées de celui qui lui commande, et cette adaptation suppose en général une reproduction partielle, chez le patient, de l'état d'âme de l'expérimentateur. Les faits qui peuvent établir la réalité de l'action à distance nous montrent simplement, en bien des cas, non pas la transmission d'un ordre, mais la communication d'une sensation ou d'un sentiment. Mme B… parait éprouver les mêmes sensations que M. Pierre Janet ou qu'une autre des personnes présentes avec qui elle semble plus particulièrement en relation. Elle s'imagine boire ou manger quand M. Pierre Janet boit ou mange, même si M. Janet se trouve dans une autre pièce. Si M. Janet se pince le bras ou la jambe, elle pousse des cris et s'indigne qu'on la pince au bras ou au mollet [5]. Voici qui fut plus curieux encore. A la vérité, M. Janet paraît avoir su à l'avance à peu près ce qui allait se passer, ce qui diminuerait un peu la valeur du fait. M. Jules Janet, frère de M. Pierre Janet, avait beaucoup d'influence sur Mme B… qui le confondait avec son frère. Il se brûla fortement le bras pendant que Mme B…, dans une autre pièce, était dans cette phase de somnambulisme léthargique où elle est sensible aux suggestions mentales. « Mme B.., dit M. Janet, poussa des cris terribles, et j'eus de la peine à la maintenir. Elle tenait son bras droit au-dessus du poignet et se plaignait d'y souffrir beaucoup. Or je ne savais pas moi-même exactement l'endroit où mon frère avait voulu se brûler. C'était bien à cette place-là. Quand Mme B… fut réveillée, je vis avec étonnement qu'elle tenait encore son poignet droit et se plaignait d'y souffrir beaucoup sans savoir pourquoi. Le lendemain, elle soignait encore son bras avec des compresses d'eau fraîche, et, le soir, je constatais un gonflement et une rougeur très apparents à l'endroit exact où mon frère s'était brûlé ; mais il faut remarquer qu'elle s'était touché et gratté le bras pendant la journée. »

Des expériences analogues sont rapportées dans les comptes-rendus de la *Society for psychical researches*. Peut-être faut-il aussi en rapprocher certains faits étranges de lucidité où l'on voit des somnambules éprouver les douleurs, les souffrances physiques ou morales d'une personne avec qui on les met en relation en leur faisant, par exemple, toucher de ses cheveux et en déduire un jugement sur son état. On n'oserait guère parler de pareils faits si M. Richet n'avait récemment publié des expériences passablement troublantes, sinon tout à fait décisives. Je lui laisse la parole : « Je vais avec Héléna (c'est une somnambule qui a quelque peu l'habitude des consultations) chez Mme de M… qui l'interroge sur divers malades. Il va de soi que je recommande à Mme de M… de ne rien dire dans le cours de cet interrogatoire, et elle se conforme rigoureusement à ma recommandation, de sorte que c'est moi seul qui parle à Héléna et j'ignore absolument quels sont les malades dont il est question.

« Pour le premier malade, Héléna dit : « J'ai mal aux nerfs. Je suis très agitée. Je ne peux me soutenir, j'ai mal à la tête et dans le derrière de la tête, mais moins qu'à la poitrine. Les jambes faibles. Je suis presque sans connaissance. » Le diagnostic est relativement exact ; il s'agissait d'une femme atteinte d'une grande irritation bronchique chronique. Elle tousse depuis plusieurs années, en outre, elle a un peu d'hystérie et un état de spleen et de tristesse presque insurmontable, avec une grande irritation nerveuse. La consultation continue. Pour le second malade, Héléna dit : « Fièvre, mal dans les reins, j'ai chaud et je souffre dans les reins. » En disant les reins, elle montre uniquement le foie. « Le diagnostic est exact. Il s'agissait de M. B… qui n'a à la vérité aucune fièvre, mais qui souffre depuis deux ans d'une affection hépatique rebelle avec un teint bilieux et des douleurs vives dans la région hépatique. » Enfin, pour un troisième malade, Héléna dit : « J'ai mal à la tête, je ne puis définir ma sensation. Je suis à bout de forces, sur le point de m'évanouir, minée par la fièvre. Ce n'est pas un mal violent, c'est un mal languissant, un malaise indescriptible ; j'ai mal partout et mal nulle part. » Ici encore, d'après M. Richet, le diagnostic est exact. Il s'agit de M. G.., jeune homme qui, après un séjour de quelques mois dans les pays chauds, a un état fébrile vague, sans localisation précise, une fatigue permanente et un affaiblissement général des forces [6]. Remarquons seulement que, même en écartant l'hypothèse d'une illusion, plusieurs interprétations des faits restent possibles.

Nous arrivons enfin à une série de faits singuliers qui ne relèvent plus de l'expérimentation, comme les précédents, mais simplement de l'observation. Je veux parler de ce que l'on a appelé les hallucinations télépathiques. Ce sont des hallucinations qui ont ceci de particulier qu'elles sont véridiques, en rapport avec un fait réel, par exemple, comme dans les cas que j'ai déjà signalés, avec la mort d'un parent ou d'un ami.

Des recherches récentes tendraient à faire croire que ces hallucinations véridiques ne sont pas très rares. On en a réuni plus de huit cents cas qui sont d'ailleurs de valeur inégale. Dans quelques-uns, la sincérité des narrateurs n'est peut-être pas incontestable, dans d'autres on peut soupçonner une illusion, dans quelques autres enfin la coïncidence de l'événement réel et de l'hallucination n'est pas très frappante.

C'est de l'illusion qu'il faut surtout se méfier. Il est difficile de se figurer à que ! point l'imagination se mêle à la mémoire et combien nos souvenirs s'altèrent, et l'on a de la peine à croire à toutes les déformations que peut subir un récit fait par une personne à une autre et transmis par celle-ci à une troisième. La valeur du témoignage humain est bien faible. On peut s'apercevoir de ses nombreuses inexactitudes à propos des petits faits de la vie de tous les jours que personne n'a aucune raison d'altérer. Quand il s'agit d'un fait un peu extraordinaire, on peut espérer que l'esprit, à cause même de l'impression qu'il en a reçue, l'aura plus fidèlement conservé ; malheureusement, il est vrai aussi que, si ce n'est pas la négligence, c'est l'imagination qui sera peut-être plus tentée de le dénaturer.

Un lieutenant de l'armée française avait écrit à M. Dariex, directeur des *Annales des sciences psychiques*, qu'il tenait d'un de ses amis le récit d'un fait intéressant arrivé à une troisième personne, à un capitaine. « Quand il était enfant, il voyait souvent passer un moine, sorte de fantôme vaguement lumineux, tenant les mains croisées sur sa poitrine, traversant le jardin et disparaissant dans un mur toujours au même endroit. Quand cet officier fut devenu grand et maître de la propriété, l'idée lui vint d'abattre le mur à l'endroit où disparaissait le fantôme ; il y trouva enfoui le squelette d'un moine qui avait les mains croisées sur la poitrine, comme le fantôme. » Or, voici la façon dont le capitaine X.., directement interrogé, raconta le même fait : «... Cela se passait l'année avant la guerre, je crois. Un professeur du lycée de G... demeurait dans une maison qui avait été autrefois un couvent. Un soir qu'il était invité chez le proviseur, sa femme prenait l'air à la croisée, et crut voir dans la cour une forme blanche : « Un revenant ! » s'exclama-t-elle. A ses cris, la servante, une grosse Alsacienne, accourt, et, dès qu'elle apprend ce dont il s'agit, prend un balai, descend dans la cour et aperçoit, en effet, une forme blanche qui disparaît au même moment dans le mur.

« A sa rentrée, le professeur se mit à rire, bien entendu ; mais devant l'affirmation de la servante qui désignait un endroit du mur, et surtout pour rassurer sa femme, qui garda le lit pendant plusieurs jours, il fit ouvrir le mur à l'endroit désigné, et l'on y trouva le cadavre d'un moine.

« C'est ce que je me souviens d'avoir vu, mais vous voyez que je n'ai nullement été auteur dans cette affaire, dont je me souviens fort bien et que tout le monde, en ville, connaissait. J'ai vu les fouilles, c'est tout [7]. »

Voilà qui montre le travail de diverses mémoires s'exerçant successivement sur le même lait, voici qui montre les arrangements qui peuvent se produire dans la mémoire d'une seule personne. Sir Edmund Hornby, président de la cour consulaire suprême de la Chine et du Japon, qui se donne lui-même pour un homme de loi sans imagination et ne croyant pas aux miracles, raconta l'histoire suivante, reproduite par le *Nineteenth century*. Des reporters venaient chez lui prendre les jugements écrits. Une nuit, pendant qu'il dormait, il fut éveillé par un coup frappé à sa porte et qui fut répété. Sur son invitation, un reporter entra et lui demanda un jugement. Sir Edmund Hornby se fâcha d'abord, enfin il se décida, non sans protestations, à le satisfaire. Il était une heure et demie. Quand lady Hornby se réveilla, ce qu'elle fit sur le moment même, l'incident entier lui fut rapporté. Le lendemain, sir Edmund en entrant à la cour apprit que le reporter en question était mort soudainement, peu avant une heure et demie. Il n'était pas sorti de chez lui pendant la nuit.

Cette histoire était certes racontée avec précision, par une personne honorable, et confirmée, disait-on, par lady Hornby. Or M. Balfour, directeur du *North China Herald*, qui connaissait bien sir Edmund et le reporter, adressa au *Nineteenth century* une lettre dans laquelle il appelait l'attention sur les points suivants : 1° sir Edmund Hornby était veuf à l'époque dont il parle : sa seconde femme était morte deux ans auparavant, et il ne se remaria que trois mois après ; 2° sir Edmund parle d'une enquête faite sur la mort du reporter : d'après le coroner, aucune enquête ne fut faite ; 3° sir Edmund mentionne un jugement déterminé qui aurait été rendu le 20 janvier 1875 : il n'y a aucune trace de ce jugement dans la *Supreme court and consular gazette* ; 4° sir Edmund dit que le reporter mourut à une heure du matin, il est mort entre huit heures et neuf heures. Il paraît que sir Edmund Hornby, à qui la lettre de M. Balfour fut communiquée, reconnut, quoique de mauvaise grâce, la vérité de ces observations [8].

En admettant que M. Maudsley qui rapporte ce fait dans un livre destiné à combattre la croyance au surnaturel, l'ait rapporté avec la plus scrupuleuse exactitude, on n'en peut guère rien conclure, sinon que de minutieuses précautions s'imposent aux observateurs. Il n'est pas impossible, malgré tout, que dans les deux cas d'erreur que je viens de citer, un manteau d'illusions recouvre et cache un fait réel de télépathie ou de lucidité. Quoi qu'il en soit, bien d'autres cas ont été rapportés avec plus de garanties. Les faits les plus extraordinaires ont pu, par la quantité et la qualité des témoignages et des diverses vérifications, prendre un air de vraisemblance. Une méthode plus rigoureuse a diminué les chances d'erreur. On peut s'en convaincre par la lecture des *Hallucinations télépathiques* de MM. Gurney, Myers et Podmore dont l'ouvrage a été traduit en français et abrégé par M. Marillier, et par l'examen des Annales des sciences psychiques, dirigées par M. le docteur Dariex.

Voici, par exemple, un des cas où la vraisemblance est la plus forte.

M. Frédéric Wingfield rêve une nuit qu'il voit son frère Richard Wingfield-Baker assis sur une chaise devant lui. Il lui parle, et son frère ne répond qu'en inclinant la tête, puis se lève et quitte la chambre. Lorsque M. Wingfield se réveille, il se trouve debout, un pied posé par terre et l'autre sur le lit, essayant de parler et de prononcer le nom de son frère. « L'impression qu'il était réellement présent était si forte, et toute la scène que j'avais rêvée était si vivante, que je quittai la chambre à coucher pour chercher mon frère dans le salon. » M. Wingfield avait à ce moment des nouvelles récentes de son frère et le croyait en bonne santé. Cependant il eut après l'apparition le sentiment d'un malheur imminent ; il nota le fait dans son journal, et ajouta les mots : « Que Dieu l'empêche. » Trois jours après, il apprenait que son frère était mort des suites de blessures terribles qu'il s'était faites dans une chute à la chasse.

M. Wingfield donne sa parole d'honneur que les faits se sont bien passés comme il les rapporte. La note qui figure sur son carnet, parmi bon nombre de notes d'affaires, confirme son récit, et sa valeur est grande, puisqu'elle a été écrite après l'apparition et avant l'arrivée de la nouvelle qui s'y rattachait. M. le prince de Lucinge-Faucigny, à qui M. Wingfield raconta ce qui précède quelques jours après la mort de son frère, atteste que ses souvenirs sont parfaitement d'accord avec le nouveau récit que M. Wingfield écrivit plus tard. Enfin le *Times* et l'*Essex independent* donnent bien pour la mort de M. Richard Wingfield-Baker la date indiquée par son frère.

Les hallucinations télépathiques paraissent annoncer assez souvent la mort d'un parent ou d'un ami, cependant elles se produisent aussi dans des circonstances moins tristes. Le révérend John Drake, d'Arbroath, en Ecosse, était ministre de l'église wesleyenne à Aberdeen, lorsque miss Jessie Wilson, fille d'un des principaux membres laïques du conseil de cette église, partit pour les Indes. Elle y devait rejoindre le révérend John Hutcheon, son fiancé, qui était alors missionnaire à Bangalore. Un matin, M. Drake vint voir M. Wilson à son comptoir, et lui dit : « Monsieur Wilson, je suis heureux de pouvoir vous informer que Jessie a fait bon voyage, et qu'elle vient d'arriver saine et sauve aux Indes. » Après quelques objections de M. Wilson, fort surpris parce qu'on ne pouvait avoir encore aucune nouvelle du vaisseau, M. Drake répondit : « Notez dans votre journal que John Drake est venu vous voir ce matin pour vous dire que Jessie est arrivée ce matin même aux Indes après un bon voyage. » M. Wilson prit note du renseignement qui se trouva littéralement exact. Le vaisseau avait eu bon vent pendant tout le trajet, et il arriva quinze jours plus tôt que d'habitude, le 5 juin 1860.

Ce récit est dû au révérend Macdonald qui le tenait d'une troisième personne, mais en avait eu une confirmation directe par le révérend Drake et par Mme Hutcheon. Une lettre du révérend Hargreave qui répond pour M. Drake, empêché par une maladie, en atteste également l'exactitude. Mme Hutcheon, de son côté, confirme la date de l'arrivée du vaisseau ; elle raconte l'ensemble du fait d'une manière tout à fait concordante, et ajoute que son père écrivit dans son journal : « *Reverend J. Drake et Jessie*, 5 juin 1860. — J'ai appris ces détails, dit-elle encore, par une lettre que je reçus sur le moment, et lors de mon retour à la maison, sept ans plus tard, j'ai entendu raconter tout cela par mon père lui-même. Il est mort, mais j'ai raconté les choses comme il me les a dites. La petite note, écrite de sa propre main, et qu'il me donna comme curiosité, est en ce moment même sous mes yeux [9]. »

Voici encore un cas intéressant, qui n'a que le défaut d'être un peu ancien. M. Gustave Dubois, ami de M. Edmond Escourrou, lieutenant au 2ᵉ régiment de zouaves, voyait souvent pendant la guerre du Mexique, à laquelle prenait part M. Escourrou, la famille de ce dernier. « Un jour, dit-il, je trouvai la mère en larmes : Ah ! mon cher enfant, me dit-elle dès qu'elle me vit, j'ai de cruels pressentiments, je dois perdre mon fils. Ce matin, en entrant dans la chambre où se trouve son portrait… pour le saluer comme chaque jour, j'ai vu, bien vu, un de ses yeux crevé et le sang coulant sur son visage. Ils ont tué mon fils. » Peu de temps après, on apprit en effet la mort du capitaine Escourrou, tué à vingt-sept ans au siège de Puebla. Quelques semaines plus tard, le sergent-major de la compagnie du mort, de retour en France, raconta les détails de l'affaire. Monté le premier à l'assaut du pénitencier, il entraînait ses hommes quand une balle, frappant la poignée de son sabre, lui brisa le poignet droit ; saisissant son arme de la main gauche, il s'avançait, entraînant les siens, quand il reçut une balle qui, pénétrant *dans l'œil*, le tua sans qu'il pût pousser un cri.

« Voilà dans toute sa simplicité la relation d'un fait dont j'ai été le témoin. Si certaines circonstances accessoires m'échappent, je puis vous certifier qu'*avant la nouvelle de la mort de son fils*, Mme Escourrou avait vu l'image chérie avec l'œil crevé et sanglant. »

M. Dariex, directeur des *Annales des sciences psychiques*, vit à deux reprises Mme Escourrou. Elle dit spontanément à la première visite qu'elle se souvenait parfaitement d'avoir, un dimanche, jour des Rameaux, ressenti une si vive émotion à la vue du portrait de son fils qu'à partir de ce moment, elle n'avait pu se défaire de l'idée que son fils avait été tué. M. Albert Escourrou, commissaire spécial chargé du contrôle au ministère de l'intérieur, direction de la sûreté générale, chevalier de la Légion d'honneur et frère du capitaine Escourrou, a dit aussi à M. Dariex se souvenir avec une netteté parfaite que, le 29 mars 1863, jour des Rameaux, sa mère vit tout à coup le portrait de son frère comme animé et paraissant avoir l'œil gauche crevé et ensanglanté, qu'elle en avait éprouvé une impression très vive et très pénible, et qu'à partir de ce moment il fut impossible de la dissuader qu'elle avait perdu son fils. Mme Escourrou a signé des déclarations conformes à ce qui précède, sauf qu'elle ne se souvient pas d'avoir vu l'œil ni le visage ensanglantés, mais bien d'avoir vu l'un des yeux semblant sortir de l'orbite, et le portrait comme animé et avec des traits mobiles. M. Escourrou père, capitaine en retraite, ancien commandant de recrutement du Gers et de l'Yonne, atteste, autant que ses souvenirs le lui permettent, et peut confirmer le récit de Mme Escourrou. M. Escourrou fils a confirmé aussi par écrit les renseignements déjà donnés par lui. Enfin M. G. Doussan, ancien sous-officier du 2e zouaves, affirme, également par écrit, que le capitaine Escourrou fut bien tué à l'attaque de Puebla, le 29 mars 1863, par une balle reçue dans l'œil gauche. Un document officiel confirme la date de la mort du capitaine [10]. On connaît un autre fait tout à fait analogue.

Les hallucinations télépathiques peuvent, comme on a pu le voir, se produire pendant la veille, ou bien prendre la forme du rêve. Elles prennent aussi diverses apparences ; au lieu de voir une apparition, la personne hallucinée croit parfois entendre un appel. M. R. Fryer entend, pendant l'après-midi, vers cinq heures et demie, la voix de son frère qui l'appelle distinctement par son nom. Son frère, M. John E. Fryer, donne, de son côté, le récit suivant : « Je faisais un voyage pendant l'année 1879, et j'eus à m'arrêter à Glocester. En descendant du train je tombai, et un employé du chemin de fer m'aida à me relever. Il me demanda si je m'étais fait mal, et si quelqu'un voyageait avec moi ; je répondis non aux deux questions, et lui demandai pourquoi il les faisait. Il répondit : « Parce que vous avez appelé Rod. » Je me rappelle parfaitement avoir prononcé le mot « Rod. » A mon arrivée à la maison, un ou deux jours plus tard, je racontai l'incident, et mon frère me demanda l'heure et le jour. Il me dit alors qu'il m'avait entendu l'appeler à ce moment-là. Il était si sûr que c'était ma voix, qu'il chercha si j'étais dans la maison [11]. »

Jusqu'ici tout peut s'expliquer par une sorte de transmission, de communication de la pensée. Cependant d'autres faits paraissent demander une autre interprétation. Il semble que non-seulement la pensée d'un être humain, mais la matière même, puisse faire naître au loin, dans un esprit, des sensations et des perceptions que les moyens ordinaires ne pourraient nullement provoquer. Non-seulement l'esprit, dans certaines conditions, bien obscures encore, pourrait être impressionné par l'état d'un esprit semblable à lui, mais encore il lui serait possible de connaître certains faits qu'aucun autre esprit ne refléterait. Il est possible même que des faits qu'on explique par la télépathie soient en réalité des cas de clairvoyance et de lucidité. La réciproque peut aussi se produire, et j'estime que les différents observateurs n'ont pas toujours mis une rigueur suffisante dans la préparation ou dans l'interprétation des expériences qu'ils ont faites ou des faits qu'ils ont observés.

Comme il y a des degrés dans la vraisemblance, nous disons que, jusqu'à présent, la télépathie a été rendue plus vraisemblable que la lucidité. Cependant la lucidité commence à s'imposer, sinon comme objet de croyance, au moins comme sujet de curiosité. M. Richet a fait de fort intéressantes expériences avec des dessins enfermés dans des enveloppes opaques, et qu'il fait décrire ou reproduire par une somnambule. Dans la seconde série de ces expériences, le dessin était inconnu des personnes présentes. Cette série comprend 180 expériences, sur lesquelles 30 ont plus ou moins réussi. « Cela indique à peu près, dit M. Richet, la moyenne des jours de lucidité soit pour Alice, soit pour Eugénie. Ce n'est qu'un jour sur six qu'elles ont des éclairs de lucidité, et encore ce jour-là même cette lucidité est des plus variables et des plus incertaines [12]. » Avec des cartes, M. Richet n'obtint rien de positif. Mme Sidgwick, au contraire, a cité de nombreuses expériences, faites par une de ses amies, qui semblent très favorables à l'hypothèse de la clairvoyance. « Mon amie, dit-elle, a fait environ 2,585 expériences de ce genre, et dans 187 cas elle a deviné les cartes exactement, à la fois selon leur nom et leur nombre de points. Pourtant, dans 75 de ces cas, il a fallu faire deux essais (comme, par exemple, pour savoir si c'était le trois de cœur ou le trois de pique). En comptant ces cas comme demi-succès, nous arrivons à un total de 149,5 succès, trois fois plus grand que le nombre, que le calcul des probabilités attribue au hasard. Les résultats varient beaucoup, on le voit, avec le sujet, et pour un même sujet, d'un jour à l'autre. La transmission mentale et la lucidité, en les supposant réelles, dépendent de conditions si délicates et si cachées qu'on ne peut jamais être sûr de les avoir réalisées. Aussi ne peut-on rien conclure même d'une longue série d'expériences négatives.

Nous arrêterons ici cette revue des faits qui paraissent révéler certains pouvoirs encore mystérieux de l'esprit humain. Nous trouvons, il est vrai, dans des livres ou des recueils très sérieux, d'autres phénomènes plus étranges encore que ceux que j'ai cités : des pressentiments réalisés, des prédictions accomplies, des mouvements d'objets que personne ne touche, des formations spontanées d'objets résistants qui disparaissent ensuite. Mais au lieu que pour la transmission mentale, et jusqu'à un certain point pour la lucidité, nous pouvons observer nous-même ou recueillir au moins des faits assez nombreux, bien attestés, et provenant de sources différentes, observées par des personnes très diverses et dans des conditions suffisamment variées, ici les témoignages se font très rares quand ils sont de qualité suffisante pour qu'on s'y arrête, et de qualité douteuse quand ils sont nombreux. Sans rien préjuger sur les découvertes futures, sans rien nier à l'avance et sans rien affirmer sur les bornes du possible, nous nous abstiendrons donc, ici et maintenant, de poursuivre plus loin cette enquête.

Section III

Tenons-nous-en à l'action à distance et tâchons de tirer les conclusions de ce qui précède.

S'il s'agissait de faits moins étranges, moins opposés, je ne dirai pas à ce que nous connaissons, mais aux habitudes de notre esprit, il me semble que nous n'aurions aucune peine à admettre comme réels des faits attestés comme ceux que j'ai indiqués. Mais, en de telles circonstances, il faut, pour éviter une erreur toujours possible, ne se déclarer convaincu qu'à la dernière extrémité. A mon sens, l'état actuel de la question est tel que la transmission mentale doit nous apparaître, non pas comme rigoureusement certaine, mais comme probable. Pour les cas de transmission mentale voulue, il en est certains auxquels je ne saurais dire ce qui manque pour être concluants, si ce n'est de pouvoir être vérifiés à volonté. Pour les cas de télépathie, j'en ai examiné un assez grand nombre, j'en ai recueilli moi-même plusieurs, et je n'en connais pas qui ne laisse *absolument* aucune prise à la critique. Quant à la lucidité, si certaines expériences paraissent à peu près irréprochables, les résultats ne sont pas toujours bien nets. Et puis les conditions mêmes de ces expériences et de ces observations rendent le contrôle bien difficile. Mme Sidgwick, par exemple, cite une fort remarquable série d'expériences faites avec des cartes. La personne qui faisait ces expériences ne pouvait bien réussir que dans une solitude complète. Une note des *Annales des sciences psychiques* nous dit : « Quant à la bonne foi et à la bonne observation de l'opérateur, l'autorité de Mme Sidgwick est absolue. » Mais quelqu'un qui ne connaît pas Mme Sidgwick ni son amie est obligé de s'en rapporter aux *Annales*, qui s'en rapportent à Mme Sidgwick, qui s'en rapporte à son amie. Une confiance obligée à tous ces détours peut bien s'évaporer quelque peu en route. C'est l'objection à faire à beaucoup de récits. Il est difficile que, dans plusieurs cas, la conviction ne reste pas purement personnelle, et ne dépende pas du plus ou moins de connaissance que l'on a de l'observateur ou de la personne qui s'en fait le garant.

Si la transmission mentale et la télépathie n'ont pas encore ce qu'on peut appeler la certitude expérimentale, — bien plus rare, au reste, qu'on ne le paraît croire, même dans les sciences qui relèvent de l'expérience proprement dite, — il ne faut pas en conclure que nous devions les rejeter. Les raisons d'affirmer ne sont pas irrésistibles, les raisons de nier sont encore bien plus faibles. Elles se fondent trop souvent sur la paresse mentale, sur la routine de l'esprit, qui trouve des prétextes plus ou moins spécieux pour ne pas se laisser déranger de ses habitudes. Il ne suffit pas de parler de « surnaturel » et d'invoquer « l'amour du merveilleux » pour annuler des expériences consciencieusement faites et des observations nombreuses soigneusement recueillies. L'amour du merveilleux n'est pas beaucoup plus impérieux chez l'homme que l'horreur du changement et la crainte de l'inconnu. Quant au surnaturel, il sera temps de s'en inquiéter quand on aura déterminé les limites de ce qui est *naturellement* possible. Il semble, en réalité, que nous ayons pénétré tous les secrets du monde, à voir la facilité avec laquelle on parle couramment de ce qui se peut et de ce qui ne se peut pas. Il n'est cependant pas besoin d'une étude bien approfondie pour reconnaître les lacunes, les bornes et les défaillances de notre savoir. Quand on considère l'homme, on est confondu de sa grandeur, si l'on pense aux apparences trompeuses qu'il a su reconnaître, aux vérités cachées qu'il a su découvrir, à son action incessante sur le monde ; on est effrayé de sa petitesse, si l'on songe à tous les problèmes insolubles pour lui auxquels ses découvertes le conduisent, à tous les maux qui restent sans remède. Il faut presque s'aveugler volontairement pour vouloir fixer les bornes du possible. D'autre part, vouloir toujours expliquer les faits nouveaux par des illusions ou des tromperies n'est pas sans danger. Pour ne pas être trop crédule, n'imitons pas le savant distingué qui se refusa toujours à croire à la réalité du phonographe. La fraude voulue et consciente me paraît relativement rare, comme la juge M. Richet. C'est une explication que l'on peut abandonner quand il s'agit des expériences de savants connus ou des observations dont les auteurs présentent de bonnes garanties. La condition, les antécédents, le caractère des observateurs, le peu de raisons qu'ils auraient pour mentir, la concordance des témoignages, empêchent tout soupçon légitime de fraude pour la plupart des hallucinations télépathiques recueillies dans le volume de MM. Myers, Gurney et Podmore, comme dans les *Annales des sciences psychiques*. Si, malgré les précautions, un cas douteux se glisse çà et là parmi les autres, il reste sûrement exceptionnel.

L'illusion est plus à craindre, et j'ai cru devoir citer des faits qui en montrent la facilité. Je serai toujours porté à avoir quelque doute au sujet d'un événement déjà lointain, si les divers témoignages qui l'attestent émanent d'un même milieu, d'un même groupe et si l'on peut soupçonner la formation d'une petite légende que chacun s'en va répétant. Je sais bien que bon nombre de faits, prétendus historiques, sont moins solidement établis que bien des hallucinations télépathiques, mais aussi j'ai toujours craint que l'histoire ne fût pas assez difficile en fait de preuves et qu'on se fiât trop au témoignage humain. Cependant il ne faut pas abuser même de la méfiance. Lorsqu'un fait de télépathie est récent, qu'il est établi par des témoignages divers et, autant que possible, indépendants, lorsque la personne qui l'a observé écarte suffisamment, par les qualités de son caractère et de son esprit, l'hypothèse du mensonge et celle de l'illusion, lorsqu'il reste de l'événement des traces matérielles qui fixent une date, par exemple des documents officiels qui permettent de vérifier l'exactitude de certains détails, ou dans le cas d'une hallucination télépathique, une note prise après l'hallucination et avant la connaissance du fait qui l'a produite, il devient bien difficile de croire à une illusion qui serait beaucoup plus surprenante que le fait contre lequel on voudrait l'invoquer. Ce serait plus difficile encore, si, comme cela est en réalité, le nombre des cas suffisamment établis se multipliait.

Il faut dire aussi que même les cas douteux se fortifient l'un l'autre si les raisons de doutes ne sont pas les mêmes pour chacun et si ces cas sont indépendants, si on ne peut les soupçonner de provenir d'une cause unique. A plus forte raison reçoivent-ils une nouvelle valeur des faits dont la réalité est bien établie. Quelques cas, dont la réalité est suffisamment prouvée, rendent vraisemblables un grand nombre de faits qui, sans eux, seraient restés très douteux. Un cas qui monte dans l'échelle de la probabilité entraîne avec lui ceux qui lui ressemblent.

Avec l'objection tirée de la possibilité de l'erreur, la plus spécieuse est celle de la coïncidence fortuite. Le hasard est bien grand, nous remarquons chaque jour des rencontres bizarres d'événements que nul lien logique ne rattache. Ne faudrait-il pas considérer comme telle la coïncidence d'une vision et de la mort d'une personne, de l'idée d'une carte ou d'un dessin chez une personne et de la présence de cette carte ou de ce dessin dans une enveloppe ou sous un écran ? Évidemment une coïncidence purement fortuite, si improbable qu'elle soit, n'est jamais absolument impossible. M. Richet a même dû admettre, à la suite de certaines expériences, que l'influence du hasard devait être prise en sérieuse considération. Mais il n'est pas prudent de lui faire la part trop grande. Il n'est pas tout à fait impossible que, dans une série de parties d'écarté, le même joueur fasse retourner le roi quarante fois de suite. Cependant, si cela arrivait, ce joueur trop heureux serait certainement tenu pour un fripon, et il est à croire que ce serait avec juste raison. Pour certaines expériences précises, le calcul des probabilités permet de calculer les chances et d'arriver, sinon à des certitudes absolues, du moins, à des vraisemblances qui équivalent pratiquement à la certitude. Par exemple, il n'est pas croyable que le hasard seul ait donné la série des succès obtenus par la personne dont Mme Sidgwick a rapporté les expériences. Même les faits qui semblent donner au hasard une part considérable peuvent mettre en relief une cause différente. M. Richet, dans des séries d'expériences où le hasard seul était en jeu, a obtenu plus de succès de coïncidences qu'il n'en attendait, mais sensiblement moins que dans les séries où la lucidité pouvait intervenir.

Pour les hallucinations télépathiques, le calcul rigoureux des probabilités paraît bien difficile. On l'a essayé cependant. Je ne puis entrer ici dans les détails du raisonnement, mais les résultats, si d'ailleurs on pouvait les accepter comme probants, seraient merveilleux. L'hypothèse d'une action télépathique réelle serait ainsi *quatre millions cent quatorze mille* fois plus probable que celle de la coïncidence fortuite.

Si l'on veut simplement indiquer par ce chiffre que l'action du hasard seul est tout à fait invraisemblable, il peut avoir son intérêt ; sinon il ne me semble pas avoir une grande importance. Les mathématiques sont une science très belle et relativement très sûre, mais il faut se méfier des applications qu'on en veut faire. On se sert ici de résultats obtenus sur des moyennes et qui peuvent rester à peu près sans valeur dans tel ou tel cas particulier auquel on applique le calcul. Pour rechercher la probabilité d'une coïncidence fortuite entre une apparition et la mort d'un individu, on prend comme un des éléments du calcul les chances de mort pour un homme de quarante-huit ans. C'est bien l'âge de la personne mentionnée et qui mourut en effet, mais cette personne était malade depuis quelques jours, et ceci pouvait augmenter les chances de mort. D'autre part, le sujet de l'hallucination savait que son ami était malade, sans le croire, à la vérité, sérieusement atteint. Mais on peut craindre une mort sans y croire, et il se peut que la maladie qui rendait la mort plus vraisemblable rendit aussi l'hallucination plus facile. Où les conditions des phénomènes sont si variées et si complexes et peuvent d'ailleurs être étudiées dans le tout qu'elles forment, l'application du calcul des probabilités ne peut donner que des résultats discutables et vagues, à moins de ne considérer que de grandes masses de faits sans descendre à des applications particulières. Tout au plus permettra-t-il de mettre en lumière, un peu mieux que la simple vue des faits, l'invraisemblance du hasard. Réellement, quand on a un si grand nombre de faits où la coïncidence est si frappante, ce serait se moquer de la supposer fortuite partout et toujours. Resterait à dire que le hasard a donné quelques coïncidences réelles et que l'illusion avec la fraude ont augmenté le nombre des cas curieux. Cela a pu arriver, cela est arrivé peut-être ; mais si l'on considère la quantité et la qualité des preuves de la transmission mentale, il paraît bien difficile d'expliquer tout par cette supposition.

Ici encore, d'ailleurs, l'objection peut se retourner. On a pris parfois des coïncidences pour des preuves d'une influence réelle, on a pu aussi faire tout le contraire. Nous rencontrons une personne à qui nous venons de penser et que nous avions tout lieu de croire à plusieurs lieues. Voilà les effets du hasard, dira-t-on, et l'on citera ce fait pour combattre la croyance à la transmission de la pensée. Mais les partisans de la lucidité pourront aussi bien donner le fait comme une preuve à l'appui de leurs théories. Si le hasard prend des formes bien variables, rien ne dit qu'il soit toujours facile de reconnaître ou même de soupçonner la télépathie et la lucidité quand elles s'exercent réellement.

Je ne saurais trop engager ceux de mes lecteurs qui ne voudraient pas se contenter d'une impression d'ensemble, toujours insuffisante par quelque endroit, à lire attentivement les cas rassemblés par la science, à observer, à expérimenter au besoin. La masse des expériences, la répétition des faits a son éloquence ; cette éloquence peut tromper, pourtant elle a sa valeur. Si l'on compare les divers résultats obtenus par tant d'observateurs, les expériences sur la transmission des sensations, sur le sommeil à distance, sur la communication de la pensée et la suggestion des mouvements au moyen de l'appareil du spiritisme, sur la lucidité, les observations sur la télépathie, si l'on songe à l'énorme masse de faits rassemblés, si l'on considère le soin avec lequel les expériences ou les observations ont été faites, la valeur, l'intelligence, le caractère de beaucoup de témoins, le scepticisme de quelques-uns, la variété des témoignages, si l'on ne néglige pas les détails dont quelques-uns sont très précieux (comme les différences sensibles relevées par les auteurs anglais entre les hallucinations ordinaires et les hallucinations télépathiques), si l'on voit enfin que tout ce que j'énumère s'unit pour rendre vraisemblable soit une connaissance des faits, soit une transmission des pensées à distance par des moyens encore inconnus, il ne semble pas possible d'en nier la réalité. Ne l'affirmons pas encore, par prudence. Mais reconnaissons que la même prudence nous conduirait à douter, soit dans le domaine de l'histoire, soit dans le domaine des sciences, de bien des croyances communes, ce qui, après tout, ne serait peut-être pas un mal. A parler rigoureusement, il est très peu de choses, s'il en est, dont nous soyons absolument certains. Disons donc seulement que tant d'efforts ont sans doute fini par rendre admissible et vraisemblable cette faculté de l'esprit qui rend quelques-uns de nous sensibles, parfois, aux influences éloignées. Nous pouvons le faire sans manquer aux règles de l'esprit scientifique. De la négation complète au doute absolu il y a bien des degrés : je crois que nous les avons franchis. Du doute absolu à la certitude il y en a encore autant. C'est à l'un de ceux-là, à peu près à égale distance de la certitude et du doute, que nous devons, à mon avis, nous arrêter.

Section IV

Je voudrais à présent examiner, autant que les faits me le permettront, le mécanisme psychologique de la suggestion mentale ou de la télépathie, c'est-à-dire non pas rechercher *comment l'impression parvient à l'esprit qui la ressent*, mais bien *comment l'esprit la perçoit*, une fois qu'elle lui est parvenue. Nous pourrons ainsi peut-être rapprocher la perception télépathique des opérations connues de l'esprit, et ceci aurait le double avantage d'écarter les théories transcendantes, au moins dans une certaine mesure, et d'augmenter la vraisemblance des phénomènes eux-mêmes.

La perception ordinaire est un fait assez complexe : voir une pomme, cela implique l'éveil de tout un petit monde d'impressions et de souvenirs. A propos d'une tache jaunâtre, il vient en nous des idées de fermeté douce et de forme presque ronde, des souvenirs d'un goût sucré et légèrement acide. Ce cortège accompagne la sensation et se confond avec elle. Quand il se forme mal à propos, la perception en est viciée. C'est ce qui arrive, par exemple, lorsque dans le brouillard un pigeonnier vu à cent mètres éveille en nous des images de tour ruinée et que nous croyons voir les restes d'un château-fort. La perception normale est une construction que l'esprit élève et qui doit représenter la réalité extérieure, mais qui n'y arrive pas toujours.

La perception télépathique, comme la perception normale, tend aussi à devenir une représentation du fait extérieur ; comme la perception normale, elle suppose une impression reçue du dehors et l'éveil d'un ensemble d'images, d'idées et de sensations destinées à accompagner cette impression, à lui donner un sens, à l'interpréter. Seulement, si la perception normale échoue quelquefois, si elle a ses illusions et ses erreurs, les imperfections de la perception télépathique sont bien plus graves encore. Rien ne nous autorise à attribuer à l'esprit le pouvoir de connaître directement et parfaitement des événements quelconques. En faisant la part aussi belle qu'on le voudra au pouvoir d'être impressionné autrement que par les moyens ordinaires, on ne peut qu'y voir une faculté rudimentaire, très rare ou du moins très inégale et très variable, relativement bien inférieure à la perception normale.

Dans certains cas, les plus favorables, la perception télépathique paraît égaler en intensité la perception ordinaire ou tout au moins les images du rêve et les hallucinations hypnagogiques, et elle reproduit avec une assez grande facilité certaines parties de la réalité extérieure. Nous avons vu avec quelle vivacité Mme B… avait ressenti, au même endroit du corps, la brûlure que M. Jules Janet s'était faite à lui-même. Une personne, dont l'ami s'était noyé, le vit apparaître tout ruisselant d'eau [13]. Une mère vit son fils, au moment de sa mort, avec le costume qu'il portait réellement et qu'elle ne lui connaissait pas. Une autre mère raconte la vision qu'elle eut de la mort de son fils : « Il s'est noyé la nuit dernière comme il allait à bord ; pendant qu'il traversait la planche, elle a glissé. Je l'ai vu et je l'ai entendu dire : Oh ! mère [14] ! » Le narrateur du fait affirme que lui-même, son fils et d'autres personnes sont sûrs « que la vision de Mme B… et le récit de l'agent *étaient identiques*, en ce qui concerne et la date et la cause de l'accident [15]. » M. R. Fryer, dont j'ai déjà cité le cas, entend la voix de son frère au moment où il fait une chute en descendant de wagon, et l'impression est tellement nette qu'il cherche son frère dans la maison, le croyant revenu [16]. Ici, visiblement, l'hallucination et la perception se confondent, non pas quant à la façon dont l'impression arrive jusqu'à l'esprit, mais bien quant à la dernière partie du mécanisme et quant au résultat produit.

Quelquefois la perception télépathique d'un événement, surtout quand elle est assez complexe, ne se forme pas très nettement ; elle reste confuse, incohérente, mélangée de parties hétérogènes. Il semble qu'on en reconnaît les éléments qui cherchent, sans y parvenir, à se réunir et à former un tout. L'esprit est resté impuissant et n'a pu accomplir sa fonction de coordination et d'arrangement. Tel est le rêve [17] raconté par Mme Storic, d'Edimbourg, rêve qui s'est produit à l'occasion de la mort de son frère jumeau, écrasé par un train de chemin de fer : — « C'était devant mes yeux, dit-elle, comme un défilé d'images (*it seemed like in dissolving views*). — Dans un clignotement de lumière, je vis un chemin de fer et la vapeur qui s'échappait de la machine (*puff of the engine*). Je pensai : — « Qu'est-ce qui se passe par là ? Un nuage ? » — Je me demande si quelqu'un de nous voyage et si c'est de cela que je rêve. Quelqu'un, que je ne voyais pas, répondit : — « Non, quelque chose de tout à fait différent, quelque malheur. — Je n'aime pas regarder ces choses-là, dis-je. Alors, je vis derrière et au-dessus de ma tête la partie supérieure du corps de William penché sur moi, les yeux et la bouche à demi fermés ; la poitrine se soulevait convulsivement, et il levait le bras droit. Puis il se pencha en avant en disant : — « Je pense que je devrais sortir de là. » — Puis je le vis étendu sur le sol, les yeux fermés et tout à fait aplati. La cheminée d'une machine était près de sa tête. Je m'écriai pleine d'agitation : — « Elle va le frapper ! » — Le quelqu'un répondit : — « Eh bien ! oui, voilà ce qui s'est passé, » — et immédiatement je vis William assis en plein air, au pâle clair de lune, sur un endroit un peu élevé, au bord du chemin. Il levait le bras droit, frissonnait et disait : — « Je ne peux plus ni avancer ni reculer ; *non.* » — Puis il sembla qu'il s'était couché à plat. Je m'écriai : — « Oh ! oh ! » — Et d'autres semblaient répondre : — a Oh ! oh ! » — Puis mon frère sembla s'appuyer sur ses coudes en disant : — « A présent, il vient ! » — Puis, comme il s'efforçait de se lever, il tourna bien vite deux fois sur lui-même en disant : — « Est-ce le train ? le train ? le train ! » — Tandis que son épaule droite faisait un mouvement comme si elle avait reçu un coup par derrière, William tomba en arrière comme évanoui, ses yeux roulaient dans leur orbite. Un grand objet noir, pareil à des panneaux de bois, passait entre nous ou plutôt dans les ténèbres ; il y avait quelque chose qui roulait sur lui et quelque chose comme un bras se levant. Puis le tout s'en alla avec un *swish.* » Les renseignements suivants furent recueillis, à diverses reprises, par M. Sidgwick d'abord, par Mme Sidgwick ensuite : avant la vision, Mme Storie entendait chuchoter une voix qu'elle ne reconnaissait pas pour celle de son frère. Ce dernier était assis sur le talus du chemin de fer de la manière même dont il lui était apparu dans le rêve. La machine qu'elle avait vue derrière lui avait une cheminée d'une forme particulière. Mme Storie n'en avait point encore vu de pareille à ce moment-là. Elle se rappelle que M. Storie la trouvait absurde, tellement elle insistait sur cette cheminée qui ne ressemblait, disait-il, à aucune cheminée qu'il connût. Mais il l'informa, quand il revint de Victoria où se trouvait son frère, que des machines de cette espèce venaient d'y être introduites [18].

Dans la vie ordinaire, l'impression faite sur nos sens par les objets extérieurs est généralement assez forte pour que nous ne nous trompions pas sur leur compte. Cependant, quand nous sommes distraits, quand la perception est un peu confuse, quand une préoccupation nous harcèle, il arrive que les idées éveillées par l'impression extérieure ne sont plus tout à fait en accord avec elle. Un jeune chasseur impatient prendra un morceau de bois pour un oiseau posé à terre. Dans le rêve, cette fausse interprétation est plus visible encore. Le système d'idées et d'images que construit l'esprit pour donner un sens à l'impression qu'il reçoit, tout en étant inspiré par cette impression, la dénature et la transforme. Un dormeur qui sent vaguement à ses pieds une boule d'eau chaude rêve qu'il se promène sur un volcan. M. Maury, recevant sur le cou la flèche de son lit, s'imagine qu'il vit sous la Terreur, qu'il est arrêté, emprisonné, traduit devant le tribunal révolutionnaire, jugé, condamné à mort et exécuté. Bonaparte dormait dans sa voiture lors de l'explosion de la machine infernale, il se crut au passage du Garigliano, entendit la fusillade de l'ennemi et s'écria : — « Mes amis, nous sommes cernés. » — L'esprit systématise toujours. Comme un historien aventureux, qui, ne pouvant trouver les vraies causes d'un événement, en invente d'imaginaires et explique un fait par un roman, l'esprit instinctivement se bâtit à peu près de tout une sorte de système vivant pour encadrer l'impression qui lui arrive. C'est généralement de l'histoire dans la vie réelle, du roman dans le rêve et l'hallucination.

Dans la perception télépathique, l'impression qui arrive du dehors est faible et vague en général ; comme toutes les impressions faibles et vagues, elle risque d'être méconnue, sinon par tout notre esprit, au moins par noire intelligence consciente. Cette impression qui arrive jusque nous à travers tant d'obstacles est vaguement reconnue, mais elle ne s'impose pas à tout notre *moi*, si je le puis dire, elle éveille çà et là quelques images, quelques idées, surtout des sentiments et des émotions. Elle paraît rester plutôt dans les couches inconscientes de l'esprit et n'éveiller que secondairement ces phénomènes vifs et précis qui ressemblent à ceux de la perception normale. Il semble que, dans bien des cas, le sujet ait une sorte de connaissance inconsciente d'un fait qui vient de se passer, mais que cette connaissance reste trop faible pour inspirer la vision des détails réels du fait et ne peut, comme dans le rêve, que suggérer des images qui sont en rapport visible avec la réalité sans la reproduire complètement. Par exemple, le révérend Andrews Lukes entend la voix d'un ancien camarade d'école mort depuis un ou deux ans au moins, qui lui dit : — « Votre frère Mark et Harriet sont partis tous les deux [19]. » — Ces mots n'ont pas été *réellement* prononcés, mais ils se sont présentés à l'esprit comme traduisant et expliquant une impression inconsciente produite par la mort réelle de son frère et de sa belle-sœur, comme le rêve de M. Maury expliquait et traduisait l'impression mal reconnue produite par la chute de la flèche de son lit. Mlle Hormes voit auprès de son lit la forme d'une jeune Italienne, Rosa, qui avait été à son service, et, dit-elle, « de quelque façon, — je ne puis pas affirmer que ce fût au moyen de la parole, — je reçus l'impression des mots suivants venant d'elle : *Adesso son felice, son contenta* (maintenant, je suis heureuse et contente). Puis la forme s'évanouit [20]. » Rosa était morte en effet. Remarquons cette impression de mots qui ne semblent pas prononcés. Elle indique la faiblesse de l'hallucination. Nous les retrouvons dans un autre cas où les paroles imaginées furent peut-être, il y a des raisons de le croire, prononcées ou pensées. Ici le roman coïnciderait avec l'histoire. Le [21] révérend E. Button crut voir un de ses amis qu'il avait lieu de croire malade dans sa demeure : — « Je n'ai jamais, dit-il, été tout à fait certain qu'il ait parlé, mais cependant cette impression très nette m'est restée dans l'esprit : — J'avais tant besoin de vous voir et vous ne seriez pas venu [22]. » — Les exemples abondent de cette activité de l'imagination. Bien souvent, les détails de l'hallucination ne sont pas exacts, ils sont simplement le résultat de l'activité de l'esprit du sujet s'exerçant sur une impression obscure produite par un fait réel. M. Williams est un jour « soudainement réveillé par le sentiment que chacune de ses mains était fortement saisie et pressée. Il se redressa immédiatement et vit, debout près de son lit, George (son beau-frère) qui lui tenait les mains, la figure souriante et avec une expression particulièrement douce et bonne. George était, à ce qu'il paraissait, dans son costume de nuit. Ils se tinrent ainsi les mains et se regardèrent pendant une minute ou davantage, l'étreinte de la main se relâcha alors, et l'esprit de George s'évanouit [23]. » — De même une jeune fille à qui son frère apparaît dit : « Je me rappelle avoir vu mon frère habillé comme il l'était d'habitude quand il rentrait de Londres, mais non comme il l'était en nous quittant, ni comme il pouvait l'être en Australie. »

L'activité de l'imagination est bien visible dans ces cas, où les détails sont inexacts et n'ont aucun rapport bien défini avec le fait réel, la mort de la personne qui apparaît. Cette activité se manifeste souvent par de telles apparitions. Il paraît assez naturel que l'impression inconsciente se traduise ainsi, il y a là une association d'idées tout à fait probable. Cependant il arrive que les narrateurs croient à la réalité objective de l'apparition, quelques savants admettent volontiers l'existence des fantômes. Cette hypothèse paraît, jusqu'à présent, tout à fait invraisemblable. Les faits qui sembleraient l'appuyer sont rares et susceptibles de plusieurs interprétations ; l'hypothèse qui ferait de ces fantômes les esprits des morts est plus aventureuse encore et moins croyable. Si l'on veut faire accepter les faits extraordinaires que nous étudions ici, il faut les débarrasser des interprétations injustifiées dont on a trop abusé, et si quelques particularités nous paraissent inexplicables, réservons notre opinion jusqu'à ce que nous puissions la former avec quelque chance de succès.

Tous les esprits n'ont pas la même vivacité d'imagination, ni toutes les impressions inconscientes la même force de suggestion. Quelquefois les hallucinations télépathiques restent faibles, vagues, douteuses. Le roman est à peine ébauché. Parfois le sujet ne reconnaît pas la personne à laquelle se rapporte son hallucination, parfois il se trompe et la prend pour une autre, parfois il reste dans le doute. M. Wingfield, dont j'ai cité le cas tout à l'heure, hésitait à reconnaître son frère. La reconnaissance peut être encore moins nette. Mlle Isnard croit voir passer un fantôme : — « En voyant cette ombre, dit-elle, j'avais pensé immédiatement à ma mère, non que j'eusse été frappée par une ressemblance déterminée, mais j'avais senti comme un lien mystérieux entre elle et cette apparition [24]. » — Ici, visiblement, l'esprit est, pour ainsi dire, excité de deux côtés à la fois par l'impression inconsciente ; d'un côté, une image se produit, une vision dont l'objet n'est pas reconnu en lui-même ; d'un autre côté, une sorte d'émotion pénible, un pressentiment et une idée. L'esprit réunit et associe tout cela, mais la fusion reste impossible, et, en tout cas, ne s'est pas opérée spontanément et sans hésitation.

Parfois en rêve, pendant que le dormeur se pose un problème et reste impuissant à le résoudre, un personnage imaginaire arrive et en donne la solution. Si le rêveur se trompe dans une opération, dans une traduction, un autre le reprend et lui corrige ses erreurs. C'est bien dans les deux cas le même esprit qui s'aide ou se reprend lui-même ; cependant, à cause de la dualité et de la dissemblance de ses propres opérations, il les attribue à deux personnes différentes. Il y a en lui quelque chose qui sait faire le problème ou rectifier une opération et quelque chose qui en est incapable. Si c'est cette dernière partie de l'esprit, qui, pour une raison ou pour une autre, paraît surtout au rêveur faire partie de son *moi*, être sa personnalité même, l'autre apparaîtra comme une étrangère, et toujours, pour l'expliquer, elle sera rattachée à une autre personnalité, créée, au besoin, pour la circonstance. Même phénomène dans les hallucinations télépathiques, et, par exemple, dans ce songe raconté par un ami de M. Romanes, membre de la Société royale de Londres : « J'eus, dit-il, un rêve très intense qui me fit une grande impression, si bien que j'en parlai à ma femme à mon réveil ; je craignais que nous ne reçussions de mauvaises nouvelles sous peu. Je m'imaginai que j'étais assis dans le salon, près d'une table, en train de lire, quand une vieille dame parut tout à coup, assise de l'autre côté, près de la table. Elle ne parla ni ne remua, mais me regarda fixement, et je la regardai de même pendant vingt minutes au moins. Je fus très frappé de son aspect : elle avait des cheveux blancs, des sourcils très noirs et un regard pénétrant. Je ne la reconnus pas du tout et je pensai que c'était une étrangère. Mon attention fut attirée du côté de la porte, qui s'ouvrit et ma tante entra, et, voyant cette vieille dame et moi qui nous regardions l'un l'autre, elle s'écria fort surprise, et sur un ton de reproche : — « John ! ne sais-tu donc pas qui c'est ? » — et sans me laisser le temps de répondre, me dit : — « Mais c'est ta grand'mère ! » — Là-dessus, l'esprit qui était venu me visiter se leva de sa chaise et disparut. A ce moment-là, je m'éveillai. L'impression fut telle que je pris un carnet et notai ce rêve étrange, persuadé que c'était un présage de mauvaises nouvelles... Un soir, je reçus une lettre de mon père, m'annonçant la mort subite de ma grand'mère, qui a eu lieu la nuit même de mon rêve et à la même heure, dix heures et demie [25]. » — On prend ici sur le fait la formation de l'hallucination composée d'une image suggérée par une impression inconsciente et qui ne peut arriver à se faire reconnaître, et des idées suggérées d'un autre côté par la même impression. Elles compléteront l'image en la faisant reconnaître, mais elles ne pourront arriver à se fondre ainsi avec elles qu'avec peine et par l'intermédiaire d'autres images destinées à les expliquer elles-mêmes.

Il arrive aussi que la reconnaissance se fait tardivement, mais d'une manière spontanée. M. Goodyear voit une figure qui le regarde à travers une fenêtre, il sort, cherche, ne trouve rien et se demande seulement alors qu'elle était cette figure qu'il venait de voir. Il reconnaît ainsi ce visage pour le visage d'une belle-sœur de sa femme qui demeurait à une distance de 300 milles. On reçut deux jours plus tard la nouvelle de sa mort [26]. De même, le révérend Markam-Hill s'aperçoit qu'une porte s'ouvre derrière lui : — « Je me retournai à moitié, dit-il, juste à temps pour voir la forme d'un homme de haute taille s'élancer dans la chambre, comme pour m'attaquer. Je me levai aussitôt, me retournai, et je jetai mon verre, que je tenais à la main, dans la direction où j'avais vu la figure qui avait disparu pendant que je me levais ; elle avait disparu si rapidement que je n'avais pas eu le temps d'arrêter le mouvement commencé. Je compris alors que j'avais vu une apparition et je pensai que c'était un de mes oncles que je savais sérieusement malade. » — La mort de cet oncle paraît, en effet, avoir coïncidé avec l'apparition [27].

Parfois, l'hallucination a encore un caractère qui rend sa signification plus difficile à comprendre. Le roman explicatif disparaît presque, il devient incohérent sans lien logique appréciable avec le fait à interpréter. Ainsi le sujet entend simplement un coup, une sorte de détonation, ou bien un tic-tac, un bruit de vaisselle brisée. Parfois aussi des phénomènes mieux définis viennent encore s'ajouter à ceux-ci.

Ce qui accompagne presque toujours l'hallucination télépathique, c'est une vive émotion, le sentiment de l'arrivée d'un événement triste, souvent la croyance à la mort d'un ami ou d'un parent. Cette émotion, remarquons-le, n'est pas, dans bien des cas, en rapport logique avec la nature de la vision, *elle n'est en rapport qu'avec l'impression inconsciente.* Sans doute, il arrive que l'hallucination reproduise la mort de l'ami qu'on a perdu ; mais cela ne paraît pas le cas le plus fréquent. Souvent le sujet croit seulement voir le mort lui apparaître sans que rien dans la vision, si ce n'est la vision même, semble justifier un pressentiment funèbre. On a pu le remarquer dans un grand nombre des cas que j'ai cités : à M. N. I. S., son ami M. F. L. apparaît, « habillé comme d'habitude, » il fixe sur lui son regard et s'en va. Il n'y a là rien de particulièrement effrayant. Pourtant « N. I. S. se cita à lui-même les paroles de Job : — « Et un esprit passa devant moi et le poil de ma chair se hérissa. » — A ce moment, un froid glacial le traversa et ses cheveux se dressèrent. » — Puis il se tourna vers sa femme en lui demandant l'heure qu'il était : « Neuf heures moins douze minutes, » répondit-elle ; sur quoi il lui dit : « Je vous demandais l'heure, parce que F. L… est mort. Je viens de le voir. » Elle tâcha de lui persuader que c'était une imagination, mais il lui assura positivement qu'aucun argument ne pourrait changer son opinion [28].

Rien de plus fréquent que ce contraste de la vision même et de l'émotion qu'elle semble inspirer, de la terreur intense qui l'accompagne. Et cette émotion est peut-être aussi forte lorsque l'hallucination semble n'avoir aucune signification, lorsqu'elle se borne à l'audition d'un bruit indistinct ou d'un tic-tac de montre. Bien plus, elle se produit quelquefois sans aucune hallucination, et ceci achève de nous convaincre que ce n'est pas l'hallucination même qui est cause de l'émotion, mais que l'hallucination d'un côté, l'émotion de l'autre, sont également suggérées par une impression inconsciente, elles sont des conséquences tirées par l'esprit, d'un même fait qui, en lui-même, reste toujours assez obscur. « Le 16 mars 1874, dit Mlle Martyn, de Long-Melford-Bechery-Suffolk, j'étais encore toute seule dans le salon, plongée dans la lecture d'un livre intéressant. Je me sentais tout à fait bien, lorsque je fus subitement saisie d'une sensation indéfinie de peur et d'horreur. Je regardai la pendule, et je vis qu'il était juste sept heures du soir. Il me fut absolument impossible de continuer à lire ; je me levai donc et me promenai autour de la chambre, m'efforçant de me débarrasser de ce sentiment, mais je ne pouvais y réussir. Je devins tout à fait froide, et j'eus le pressentiment que j'allais mourir… Le lendemain je reçus un télégramme m'annonçant la mort d'une proche cousine [29]. » Ce pressentiment est à remarquer, il montre bien l'activité consciente de l'esprit s'exerçant sur des impressions obscures. L'impression inconsciente semble suggérer la mort de quelqu'un, — c'est une sorte de transmission de sensation, — et le sujet ne voyant pas d'apparition, n'ayant pas l'idée précise d'une autre personne à qui rapporter cette impression, ne peut que la rapporter logiquement à lui-même, il sent qu'il va mourir.

Quant à l'action inconsciente elle-même, on comprend qu'il soit difficile de l'étudier directement. Mais elle se révèle bien nettement par ses effets, et ce que nous avons déjà vu pourrait suffire à prouver sa réalité. Elle est plus visible encore quand elle inspire au sujet de l'hallucination des actes opposés à sa volonté et qui l'étonnent lui-même. Mme C.-E.-K. avait un fils malade à Durban (Natal). « Son médecin, qui est aussi mon gendre, me dit que la maladie était *sérieuse*, mais je n'avais aucune raison de prévoir une issue fatale. En ma qualité de mère, j'étais naturellement inquiète ; mais de meilleures nouvelles me parvinrent, et bientôt après, une lettre de mon fils lui-même. Il disait qu'il se sentait plus fort, exprimait son regret de son long silence, et ajoutait qu'il espérait écrire de nouveau régulièrement. Toute anxiété s'évanouit de mon esprit, et je remarquai que je me sentais plus heureuse que je ne l'avais été depuis des mois. A cette époque j'étais malade, moi aussi, et j'avais auprès de moi une garde. Quelques nuits après avoir reçu cette lettre de mon fils, je m'imaginai que j'étais éveillée, et, désirant appeler ma garde qui était dans la chambre, je m'assis sur mon lit, et j'appelai à haute voix : « Edward ! Edward ! » Je fus complètement éveillée par ma garde-malade, qui me répondit : « Je crains, madame, que votre fils ne soit pas en état de venir à vous. » J'essayai de rire, mais un frisson me traversa le cœur. Je notai l'heure : trois heures quarante, dimanche matin. Je racontai cet incident à mes filles, sans parler de mes craintes, mais j'attendais de mauvaises nouvelles. Le lundi je reçus la dépêche suivante : « Edward est mort la nuit dernière. » Mme K… ajouta plus tard : « Ce n'était certainement pas un rêve, j'étais assise dans mon lit pour appeler ma garde-malade, lorsque, à ma grande surprise et pour un instant à mon grand amusement, je poussai le cri : Edward ! Edward [30] ! »

Cette intervention de l'inconscient a été bien souvent indiquée par les auteurs qui se sont occupés de l'hypnotisme, de la suggestion et de tous les phénomènes de cet ordre. Les expériences de Cumberland et de ses émules où il s'agit de retrouver un objet caché ou d'accomplir un acte sur un ordre non exprimé, et qui sont fondées sur l'interprétation d'imperceptibles mouvements involontaires que l'agent n'a pas conscience d'accomplir et que bien souvent le sujet paraît ne pas avoir conscience de percevoir, met admirablement en lumière le rôle de l'inconscient. On sait que M. Chevreul avait expliqué le phénomène des tables tournantes par de petits mouvements inaperçus de celui qui les exécute. M. Richet a constaté les mêmes faits et paraît avoir établi que ces mouvements pouvaient être déterminés par des impressions reçues par suggestion mentale et par des impressions télépathiques. On a pu dire que « la suggestion mentale est un dialogue entre l'inconscient de l'opérateur et l'inconscient du sujet. » En quoi consiste au juste ce fonctionnement inconscient de l'esprit, on ne peut le dire avec précision. On sait seulement qu'il est un fonctionnement des centres nerveux, et l'on a pu indiquer quelques-unes des conditions qui le distinguent de l'activité cérébrale que la conscience accompagne ; mais nos connaissances sur ce point n'ont encore ni l'étendue ni la précision qu'on voudrait.

Ainsi une impression inconsciente qui éveille dans l'esprit des images, parfois très vives, des idées, des émotions plus ou moins bien associées avec elle, plus ou moins reliées entre elles, et en rapport plus ou moins exact avec une réalité lointaine et cachée, voilà ce que nous pouvons saisir du mécanisme psychique des hallucinations télépathiques et de la suggestion mentale.

Mais dans la perception ordinaire, comment les choses se passent-elles ? Une corde de violon vibre à quelque distance de moi, ses vibrations se communiquent à l'air, l'air les porte jusqu'au tympan, et un appareil assez compliqué les amène en les transformant jusqu'aux fibres du nerf acoustique, qui à son tour transmet son impression au centre sensoriel, d'où l'excitation se répand jusqu'aux centres supérieurs. Ce n'est tout au plus que lorsque l'excitation arrive au centre sensoriel que se produit ce phénomène particulier, cette sensation que nous appelons un son, et cette sensation est encore un véritable roman que l'esprit compose à propos de l'impression qui lui arrive. Seulement, ici, le roman s'accorde généralement avec la réalité, il ne la reproduit pas, mais il la représente ; il est un symbole, un chiffre que l'esprit crée lui-même et qu'il emploie ensuite dans ses opérations.

C'est ce qui a permis à M. Taine d'appeler la perception, dans une définition devenue célèbre, une *hallucination vraie*, et cette définition est irréprochable si on ne veut pas en tirer autre chose que ce qu'elle dit. Mais entre une « hallucination vraie, » selon le mot de M. Taine, et une « hallucination véridique, » comme on a appelé les phénomènes télépathiques, quelle différence y a-t-il ? Je n'hésite pas à répondre : au point de vue de la psychologie générale et en considérant les grandes lignes du mécanisme psychologique qui les produit, il n'y en a aucune. Perceptions, illusions, hallucinations du rêve, hallucinations de la folie, hallucinations télépathiques, sont soumises aux mêmes grandes lois de la psychologie abstraite. Je pourrais montrer, par exemple, que le peu qu'on a pu savoir des conditions générales de la transmission mentale et de la télépathie en est une nouvelle preuve. C'est, à mon sens, une raison de plus pour admettre la vraisemblance de ces phénomènes.

La différence entre la perception télépathique et les autres faits analogues de la vie normale, et on ne saurait en dissimuler l'énormité, se trouve dans la manière dont l'excitation se transmet jusqu'aux zones de l'activité mentale. Pour les perceptions ordinaires, tous les mystères ne sont pas éclaircis ; mais enfin nous connaissons à peu près les portes d'entrée qui sont les organes des sens, et les agents extérieurs qui viennent frapper à ces portes. Pour les hallucinations télépathiques, nous ne savons rien. On a supposé, toute pensée étant accompagnée d'un mouvement cérébral, que ce mouvement se transmettait à l'éther répandu partout et, se répandant ainsi, pouvait, bien loin de son point de départ, se communiquer à d'autres cerveaux en reprenant sa forme primitive [31]. Cette hypothèse est bien la plus naturelle, mais elle ne repose que sur des analogies qui peuvent être trompeuses. Toutes celles qu'on peut actuellement proposer auraient le même inconvénient, ou d'autres plus graves encore.

Section V

Admettons que les faits qui nous arrivent aujourd'hui de toutes parts soient exacts et bien observés. Qu'en résultera-t-il ? Nous ne devons ni reculer devant les conséquences de la vérité, ni nous exagérer ces conséquences. Si cette force nouvelle qui semble s'imposer à nous est bien réelle, elle existe depuis longtemps et se manifeste parmi nous sans nous apporter de notables désagréments, mais aussi sans nous rendre de grands services. Pourrons-nous arriver, comme pour l'électricité, à la mieux dégager, à mieux connaître les conditions de son activité, à pouvoir reproduire ses conditions, à notre gré, pour en tirer parti ? il serait aussi téméraire et en même temps aussi puéril de l'affirmer que de le nier. J'ai bien lu qu'un médecin, habitant, je crois, la campagne, avait un sujet merveilleux dont il se servait quand on venait le chercher à l'improviste et que la course était longue, pour connaître à l'avance la maladie de son client et emporter avec lui ce qui lui était nécessaire. J'ai bien lu aussi qu'un autre sujet, — peut-être le même, — avait fort avancé l'instruction d'un crime en faisant retrouver l'instrument de meurtre jeté par l'assassin au fond d'une rivière ou d'une mare. Sans discuter la possibilité ou la réalité de ces événements, j'ose croire qu'il serait au moins prématuré de vouloir en tirer une méthode. Attendons.

Chacun même pourrait garder ses convictions philosophiques ou religieuses sans trop les modifier. Je crois bien, à la vérité, que, parmi les personnes qui s'intéressent à la télépathie, quelques-unes espèrent recueillir des preuves scientifiques d'une autre existence et de la séparation du corps et de l'âme. Mais ce que nous pouvons comprendre aux faits qui nous sont racontés sérieusement n'autorise aucune conclusion de ce genre. Pour le reste, bien des hypothèses sont possibles, et la moins invraisemblable n'est pas celle de la réalité objective des hallucinations et de la désincarnation des esprits. Jusqu'à présent les spiritualistes les plus convaincus, les matérialistes les plus tenaces peuvent faire entrer les hallucinations télépathiques dans leur philosophie, à moins qu'ils ne l'aient faite bien étroite. On ne pourrait en ce cas que leur recommander de l'élargir, car si les faits d'aujourd'hui n'en brisent pas les barrières, ceux de demain le feront. « Il y a plus de choses dans le ciel et sur la terre que notre philosophie ne peut en contenir, » à moins que la philosophie ne reste de toutes parts ouverte à cet ignoré d'aujourd'hui qui sera vrai demain.

C'est là la grande leçon à retenir, que les découvertes accumulées depuis un siècle auraient dû rendre inutile, et qui ne le sera pas de longtemps. A chaque moment, il nous faut modifier notre conception des forces naturelles et de leurs effets. Toutes les nouvelles inventions, les chemins de fer, comme le phonographe, ont soulevé l'incrédulité des sages et les railleries des prudents, car si notre légitime désir du nouveau est souvent aveugle, notre instinct, non moins légitime, de conservation n'est pas plus clairvoyant. Or, il est peu de forces aussi mal connues que l'âme humaine, et que les forces sociales dont l'application est en voie de surprendre notre prudence. Tous les phénomènes que l'hypnotisme a aujourd'hui rendus familiers à tous étaient généralement niés il y a une vingtaine d'années, et on haussait les épaules si un savant de bonne foi s'imaginait qu'il y avait quelque chose à tirer des pratiques discréditées des magnétiseurs. Aujourd'hui, il nous faudra peut-être admettre que l'esprit humain peut acquérir certaines connaissances en dehors de tous les moyens réputés possibles. Examinons les faits, critiquons-les sévèrement, puis fions-nous à eux, s'il en reste. Si la transmission mentale, si les hallucinations véridiques sont des phénomènes réels, comme cela semble vraisemblable, et si de la probabilité nous pouvons un jour passer à la certitude, ces faits ne constitueront pas, comme on l'a dit, l'une des découvertes les moins curieuses de notre siècle, ni peut-être des moins fécondes.

Si nous nous sommes trompés, nous ne regretterons pas trop notre erreur, pourvu qu'elle nous ait familiarisés avec cette idée salutaire que nos vues sur la nature sont bien bornées et qu'il faut sans cesse travailler à les agrandir. Notre imagination peut nous égarer souvent, elle ne risque pas de nous emporter trop loin ni trop haut. Qu'elle ne dédaigne pas la nature, elle n'a de forces que ce qu'elle lui en emprunte, elle-même n'en est qu'une partie. Ce vieux monde nous réserve sans doute encore bien des surprises, il faut nous tenir prêts à les recevoir de bonne grâce, à en tirer parti si nous pouvons. Et d'ailleurs notre univers n'est qu'un cas singulier parmi des millions d'univers possibles, où les lois de la nature seraient autres que chez nous et autrement enchaînées. Si nous n'avons aucune idée de ces combinaisons avortées qui peut-être ont failli naître et se développer, nous ne comprendrions pas bien celle que les circonstances ont rendue vraie. Les récentes recherches sur les forces inconnues ont, je crois, rendu des services positifs à la science ; et n'auraient-elles fait qu'élargir notre imagination pour lui faire embrasser un monde possible, mais pour toujours sans réalité, le résultat n'en serait pas inégal aux efforts qu'elles ont coûtés.

Notes

1.   De la suggestion mentale, par le docteur J. Ochorowicz, 2e édition, p. 74.

2.   La Suggestion mentale, par M. Ch. Richet (Revue philosophique, 1889, t. II).

3.   J. Ochorowicz, ouvrage cité, p. 87.

4.   Bulletins de la Société de psychologie physiologique.

5.   Bulletins de la Société de psychologie physiologique.

6.   Ch. Richet, Relation de diverses expériences sur la transmission mentale, la lucidité et autres phénomènes non explicables par les données actuelles de la science, p. 123.

7.   Annales des sciences psychiques, 1891, p. 23.

8.   Maudsley, Natural causes and supernatural seemings, p. 79-80.

9.   Les Hallucinations télépathiques, p. 70-72.

10.   Annales des sciences psychiques, 1891. Ce fait présente une particularité très curieuse et que je me contente de signaler ici. D'après la comparaison des heures, il semblerait que l'hallucination s'est produite avant l'événement auquel elle se rapporte.

11.   Les Hallucinations télépathiques, p. 293-294.

12.   Relation de diverses expériences, etc.

13.   Les Hallucinations télépathiques, p. 130.

14.   Id., p. 117 et suiv.

15.   Les Hallucinations télépathiques, p. 151.

16.   Id., p. 294.

17.   Annales des sciences psychiques, 1891, p. 220-221.

18.   Les Hallucinations télépathiques, p. 110 et suiv.

19.   Les Hallucinations télépathiques, p. 126.

20.   Id., p. 148.

21.   Id., p. 206.

22.   Les Hallucinations télépathiques. p. 141.

23.   Id., p. 193.

24.	Annales des sciences psychiques, 1891, p. 195.
25.	Les Hallucinations télépathiques, p. 329-330.
26.	Id., p. 178.
27.	Id., p. 228.
28.	Les Hallucinations télépathiques, p. 232.
29.	Les Hallucinations télépathiques, p. 87.
30.	Les Hallucinations télépathiques, p. 123-124.
31.	Voir J. Ochorowicz : la Suggestion mentale.

ISBN : 978-1721084388